# JN361110

# 백승주 박사의
# K-외교 이야기
### 2 전략과 번영편

동아일보사

# 미·래·의··리·더·들·에·게

## 개정증보판을 내면서

2009년 '백승주 박사의 외교 이야기'란 초판을 낸 지 14년이 지났다. 그간 필자 개인 신상에 적지 않은 변화가 있었다. 2013년에 국방부 차관을 했고, 2016년에 고향인 구미지역에서 국회의원으로 선출됐다. 2020년에는 프리랜서가 됐다.

프리랜서 기간에 월간 '신동아'에 '백승주칼럼'이라는 문패를 달고 매월 미니에세이(칼럼)를 썼다. 문패 안에 걸린 36개의 미니에세이는 나의 분신이다. 행정가, 정치인으로 '외도'를 한 이후에 글을 쓰는 일은 쉽지 않았다. 지면을 내어 준 '신동아'에 감사드린다. 칼럼 게재를 제안한 배수강 기자가 내용 일부를 만화로 재구성해 '외교이야기 증보판'을 만드는 게 어떠냐고 제안했다. 흔쾌히 받아들여 이 책을 내게 됐다.

개정증보판을 만들면서 2009년 6월 초판 발행 직후에 했던 '미니 출판기념회'가 생각났다. 박근혜 당시 국회의원을 비롯한 25분의 지인들을 초대한 조촐한 저녁식사 자리였는데, 그때 참석한 많은 분들이 우리나라 경제계, 정치계, 언론계에서 큰 역할을 하고 있어 감회가 새롭다.

증보판을 기획하는 기간에 글로벌 차원에서 두 개의 큰 전쟁이 발발했다. 우크라이나 전쟁과 이스라엘-하마스 전쟁이다. 한반도 정치에서는 북한 핵이 강화되고, 윤석열 정부의 원칙을 강조한 대북정책이 진행되면서 긴장이 유지되고 있다. 이처럼 급변하는 세계정세에 맞춰 16개 주제의 만화를 새로

그렸고, 기존 만화 내용과 설명도 새로 쓰면서 재구성했다. 책은 글로벌 전쟁과 한반도 안보 상황을 담은 1편 '전쟁과 평화', 외교·안보 마인드의 중요성을 소개한 2편 '전략과 번영' 두 권으로 편집했다.

"하늘을 두려워하고(尊天), 땅·바다에 감사하고(謝地), 인간을 귀하게 여기고(重人), 남북통일에 기여(寄與 南北統一)하는 삶을 만들자"는 게 필자의 좌우명이자 기도문이다. 필자가 즐기는 명상의 화두(話頭)이기도 하다. 지난 삶의 이력 중에서 필자가 가장 의미 있게 생각해온 '만화로 출판한 외교 이야기'는 남북통일에 기여하는 일의 일부에 해당할 것이다.

끝으로 증보판을 만드는 데 큰 도움을 준 동아일보 출판국 기자들과 황승경 박사, 정승혜 작가, 그리고 여러 디자이너들께 감사의 마음을 전한다. 필자 나름의 좌우명과 삶의 지표를 만드는 데 영향을 준 부모님 영전에 이 책을 바친다. 아울러 사회적 안목을 키우는 데 큰 영향을 미친 김정길 선생님, 오상중·성광중·심인고·부산대 재학시절의 많은 은사님들께 감사드린다. 특히 지은이에게 현대사와 공동체, 남북통일에 대한 인식의 지평을 열어주시고, 현재는 대구2·28민주운동의 영원한 지도자로 국립4·19민주묘지에 영면하고 계시는 이대우 선생님께 특별히 감사드린다.

2023년 11월 백승주

# 차 · 례

미래의 리더들에게 _4
등장인물 _8

## Part 1 전략 마인드

박정희 대통령의 연출외교 _12
안중근 의사의 동양평화론 _16
코리안 드림, 기적과 통일 준비 _20
한국 공직자여, 이스라엘 前 총리 바라크에게 배워라! _24
낸시 팰로시의 '하이킥(High kick) 외교' _28
히딩크 감독과 하멜이 펼친 코리아 홍보 _32
유엔 평화유지활동과 천사외교 _36
엘리자베스 1세의 배려외교 _40
인도계 이민 2세 리시 수낵 영국 총리 _44
오로지 국익! 또 국익! '세희 아빠' 리퍼트 _48

## Part 2 문화외교와 번영

독일 파견 한국 광부와 간호사의 민간외교 _54
경제 발전 기반이 된 워커힐 호텔 _58
코리아 LPGA 선수들의 스포츠외교 _62
First Lady와 Lady First _66
한국의 문화영토 넓히기 _70
만우절에 듣고 싶은 덕담외교 _74
국가적 상징, 노트르담 대성당 _78
중국의 조어대와 진해의 이승만 별장 _82
한국어를 국제공용어로! _86
대국(大國)으로 가는 길엔 문화가 있다 _90

### Part 3

## 다양한 외교자원

- 크로퍼드 목장과 외교 메카 _96
- 선물 잘 고르는 것도 외교 _100
- 외교의 디테일, 의전의 중요성 _104
- 간송과 예카테리나 2세의 컬렉션 애국 _108
- 노래와 함께하는 외교 _112
- 특별사절단의 스페셜 임무 _116
- 워런 버핏의 자산과 자선의 힘 _120
- 경찰 제복 입은 외교관, 인터폴 _124
- 좋은 로비스트와 국력 _128
- 악플이 만든 혐한론, 민간외교로 회복해야 _132

### Part 4

## 역사 모멘텀과 외교 스토리

- 소년 이승만의 눈병과 한미관계 _138
- 윈스턴 처칠의 목욕탕 학습 _142
- 셔틀외교와 매파외교 _146
- 미국 CIA의 선글라스 애국주의 _150
- 하드파워를 이긴 스마트파워 시대 _154
- 고향으로 돌아가는 미군 유해 _158
- 평양 홍수와 국제적십자운동 _162
- 세계는 왜 'K-방산'에 열광할까? _166
- 세종대왕함과 양무호 _170
- 암스트롱의 작은 발걸음에 감춰진 국력 경쟁 _174

## 등·장·인·물

### 백 박사

외교·국방의 달인. 무슨 화제든 일단 말을 꺼내기만 하면 외교·국방 이야기로 마무리한다.
만우절에 기적처럼 일어났으면 하는 일이 뭐냐고 물어봐도 북한 지도자의 결심으로 핵문제가 완전히 해결되는 것이라고 말할 정도로 자나깨나 외교·국방 생각뿐.

### 핑꼬

뭐든 하고 싶고, 힘도 세고, 목소리도 크고, 불의를 보면 참지 못하는 열혈소녀.
'블랙핑크'를 보면 K-POP 스타가 돼 빌보드 차트 정상에 오르고 싶고,
골프를 잘해서 명예의 전당에 헌액되고 싶다.
한때 말괄량이였지만
지금은 마음을 잡은 울리와 좋아하는 사이다.

### 우가 아저씨

한국에 귀화한 외국인으로, 핑꼬 옆집에 이사왔다.

### 몽돌이

유엔 사무총장과 사무직이 헷갈리지만 깔끔한 성격을 갖고 있다.

## 울리

뿔리의 형으로 핑꼬를 사랑한다. 한때 동네를 주름잡은 말썽꾸러기였다. 하지만 백 박사님을 만나면서 백팔십도 달라졌다. 놀랄 정도로 외교·국방 분야에서 아는 것이 많아지고 생각도 깊어졌다.

## 뿔리

울리의 동생. 형과 달리 똑똑하고 사리분별력이 뛰어나다. 핑꼬와는 친구 사이지만 의견 충돌도 잦다. 외교·국방 분야에 궁금한 점이 많은 미래의 외교관이다.

## 쿠니

학교에서 '토론왕 쿠니'로 불린다. 영국의 처칠 총리를 본받아 주로 목욕탕에서 생각을 다듬고 목소리도 다듬는 등 노력하는 토론왕이다.

## 뚱기

돈 버는 재주가 있고 돈에 관심이 많다. 현실인식이 밝은 편이라 IT강국으로 거듭난 인도에 무척 관심이 많다.

## 클레오칼트라(왕코누나)

뿔리의 옆집에 사는 누나. 별명은 '왕코 누나'로 코가 오똑하다고 클레오파트라 같다고 붙인 이름이다.

# Part 1

# 전략 마인드

안중근, 박정희, 엘리자베스 1세 여왕, 낸시 펠로시, '세희 아빠' 리퍼트….
이들은 모두 자국의 생존과 번영을 위한 전략 마인드를 갖춘 지도자들이다.
이들의 전략 마인드는 다양한 모습의 '확신외교'로 나타나
국가와 국민을 번영의 길로 안내했다.

# 박정희 대통령의 연출외교

**전략마인드 01**

**Tip**

**브라운 각서** 1966년 3월 7일 주한미국대사 W. G. 브라운이 이동원 당시 한국 외무부 장관에게 보낸 서한. 박정희 정부의 베트남 추가 파병을 조건으로 미국이 한국에 제공할 군수협조 관련 10개항, 경제협조 관련 5개항의 약속이 담겨 있다. 브라운 각서에 담긴 경제협조 가이드라인은 이후 한국이 경공업 성장을 바탕으로 경제 발전을 이뤄내는 디딤돌이 됐다.

◀ 우리나라는 1964년부터 1973년까지 베트남전쟁에 국군을 파병했다. 사진은 베트남 파병 수송선.

 **Tip**

**정상외교** 양국의 정상이 만나는 외교다. 일반적으로 한 국가를 대표하는 통수권자들간의 회담을 말한다. 통수권자가 한 나라를 대표한다는 점에서 정상외교라 부른다. 예를 들어 우리나라 윤석열 대통령과 조 바이든 미국 대통령 또는 기시다 후미오 일본 총리의 만남 등이 정상외교다.

# 안중근 의사의 동양평화론

전략마인드 02

 **Tip**

**안중근**(安重根, 1879~1910) 황해도 해주에서 태어나 1907년 연해주로 망명해 의병운동에 참가했다. 1909년 10월 26일 중국 하얼빈에서 이토 히로부미를 죽이고 여러 일본인에게 중상을 입힌 뒤 현장에서 체포됐다. 1910년 3월 26일 뤼순 감옥에서 순국했다. 옥중에서 집필한 '동양평화론'과 여러 점의 글씨가 남아 있다.

**Tip 안중근 의사와 '동양평화론'** 안중근 의사가 하얼빈 감옥에서 쓴 휘호 중에 '하루라도 책을 읽지 않으면 입 안에 가시가 돋는다'는 글이 있다. 안중근 의사가 '동양평화론'을 쓸 수 있었던 것도 끊임없는 독서가 뒷받침됐기 때문이다. '동양평화론'은 동아시아의 현재와 미래의 평화를 위한 공동체 모델을 제안한 선구적인 작업으로 평가받고 있다.

◀ 1910년 3월 26일 안중근 의사가 순국한 뤼순 감옥(왼쪽)과 안중근 의사의 사진(오른쪽).

# 코리안 드림, 기적과 통일 준비

**전략마인드 03**

한반도 통일은 한반도만을 위해서가 아니라 동북아, 그리고 인류 공동번영을 위해서라도 반드시 필요해.

역으로 남북통일이 돼야 동북아와 인류가 번영해~

북한이 핵무기를 가지고 있는데 무슨 통일이 되겠어요? 말도 안 되는 소리는 하지 마세요.

북한과 통일되면 이스라엘 예루살렘이나 팔레스타인 가자지구처럼 늘 폭탄 터지고 시끄러울 것 같아요. 통일이 싫어요.

미국과 중국이 저렇게 싸우는데 통일시켜 주겠어요? 말도 안 되는 소리예요.

세금도 많이 낼 것 같아요. 통일은 싫어요.

좋아~

나도 갈래~

우리 떡볶이 먹으러 갈래?

좋아~

애들아 잠깐만~!!!

**Tip**

**통일부** 분단국의 특성을 반영해 통일에 관한 업무를 전담하는 중앙행정기관. 통일 및 남북대화·교류·협력·인도지원에 관한 정책을 세우고, 북한정세를 분석하고, 통일교육·홍보 등 통일에 관한 일을 한다. 4·19 혁명 이후 활발하게 전개된 통일 논의를 수렴하고, 정부차원에서 체계적이고 제도적으로 통일 문제를 다루기 위해 1969년 3월 1일 설립됐다.

> **Tip**
> **민족공동체통일방안** 우리 정부의 공식 통일방안. 1994년 8월 15일 김영삼 당시 대통령이 제시한 통일방안으로, 1989년 9월 11일 노태우 정부 시기에 발표된 '한민족공동체통일방안'을 계승하면서 남북기본합의서 발효 등 상황변화를 반영해 보완·발전시킨 것이다. 남북 간 화해협력을 통해 상호 신뢰를 쌓고 평화를 정착시킨 후 통일을 추구하는 점진적·단계적 통일방안이다.

◀ 2023년 10월 2일 서울 영등포구 페어몬트 앰배서더 서울 호텔 그랜드볼룸에서 열린 '2023 원코리아국제포럼'에서 백승주 박사가 특별연설을 하고 있다. 백 박사는 "통일이 되면 지금보다 더 못살 것이다" '치안이 불안정해질 것이다' 같은 통일을 반대하는 통일장애담론을 경계해야 한다"고 주장했다.

2013년에 만난 에후드 바라크(Ehud Barak) 전 이스라엘 총리가 생각나네. 그는 나에게 북한의 장사정포를 막는 데는 '이스라엘제 아이언돔'이 최적이라고 설명했었지.

아이언돔?

아이언돔은 2011년 당시 이스라엘이 실전 배치한 미사일 방어체제란다.

 Tip

**아이언돔** 이스라엘이 개발한 중·단거리 미사일 요격 시스템. 날아오는 목표물을 돔 형태의 방공망으로 둘러싸 요격한다는 의미에서 '아이언 돔'이라는 이름을 붙였다. 2011년부터 이스라엘-팔레스타인 접경 지역에 실전 배치됐으며, 텔아비브 등 이스라엘 주요 도시로 향하는 로켓포의 90%를 공중에서 요격하는 높은 명중률을 보였다.

**Tip**

<u>이스라엘-아랍 분쟁</u> 20세기 초까지 팔레스타인 지역은 다수 아랍인과 소수 유대인이 함께 살아가는 공간이었다. 그러나 제2차 세계대전 이후 1948년 이스라엘이 건국되면서 유혈 분쟁 무대가 됐다. 이스라엘은 1948년부터 1973년 사이 아랍 국가들과 4번의 전면전을 치렀고, 최근엔 팔레스타인 무장단체 하마스와 전투를 벌였다.

◀ 2018년 5월 13일 이스라엘 시민들이 국기를 흔들며 '예루살렘의 날'을 자축하고 있다. 예루살렘의 날은 이스라엘이 1967년 제3차 중동전쟁에서 승리한 것을 기념하는 날이다.

# 낸시 펠로시의 '하이킥(High Kick) 외교'

전략마인드 05

**낸시 펠로시**(Nancy Patricia Pelosi) 1940년 3월 26일 미국 메릴랜드 주 볼티모어에서 5남 1녀 중 막내딸로 태어났다. 트리니티 워싱턴대에서 정치학을 전공한 뒤 금융업에 종사하는 폴 펠로시를 만나 1963년 결혼했다. 아버지는 민주당 하원의원과 볼티모어 시장을, 오빠도 볼티모어 시장을 지냈다. 남편을 따라 이사한 샌프란시스코에서 자원봉사를 하던 중 1987년 47세 나이로 하원의원에 당선됐다. 19번 선거에서 모두 당선됐고 두 차례 하원의장을 지냈다.

◀ 2019년 2월 12일 백승주 당시 국회의원이 미국을 방문해 낸시 펠로시 미국 하원의장과 만나 기념촬영을 하고 있다. 이때 펠로시 의장은 "북한 김정은은 핵 폐기 대신 한미 전력 약화에만 관심을 보인다"며 자신의 인식을 정확히 밝혔다.

**Tip** 하이킥(High Kick) 외교 이종격투기나 태권도 등 무술 경기에서 상대의 얼굴이나 머리를 발로 공격하는데, 이때 성공하면 높은 점수를 받지만 강력한 반격을 당할 가능성도 감수해야 한다. '하이킥 외교'는 2022년 8월 백승주 박사가 펠로시 의장의 대만 방문을 분석하며 월간 '신동아'에 기고한 칼럼에서 처음 사용했다. 군사 충돌까지 우려되는 상황에서도 그는 대만 땅을 밟으며 "대만과 세계 여러 지역에서 민주주의를 지키려는 미국의 결의는 철통같다. 대만 민주주의를 지원할 것"이라며 결기를 드러냈다.

# 히딩크 감독과 하멜이 펼친 코리아 홍보

전략마인드 06

▶ 2002년 한일 월드컵에서 한국팀을 4강에 진출시킨 히딩크(오른쪽). 포르투갈전에서 극적인 결승골을 넣은 박지성 선수가 히딩크 감독을 향해 뛰어가고 있다(왼쪽).

**Tip** '하멜표류기' 1653년 제주도에 표류한 하멜이 네덜란드로 돌아가 쓴 여행기다. '하멜표류기'는 최초로 유럽에 조선을 알린 책으로 조선의 지리, 풍속, 정치, 군사교육 등이 잘 소개돼 있다. 하멜은 당시 조선은 인구가 많고 풍년이 들면 식량을 자급자족할 수 있으며 쌀과 곡식, 목화가 많이 재배됐다고 기록했다.

 **Tip**

**국가 브랜드**(Nation Branding) 한 국가의 명성을 객관화한 지표다. 국가 브랜드 이미지는 국가 경제에 지대한 영향을 미친다. 국가 브랜드가 높은 국가에서 생산된 제품은 더 비싸게 팔리고, 브랜드 지수가 높은 나라는 관광산업도 활성화되기 때문이다. 2022년 미국 '유에스 뉴스 앤 월드리포트'와 펜실베이니아대 와튼스쿨이 실시한 '글로벌 국력 순위' 조사에서 대한민국은 6위를 차지했다.

# 유엔 평화유지활동과 천사외교

전략마인드 07

 **Tip**

**유엔 평화유지활동** 제2차 세계대전 이후 국제연합의 탄생과 함께 국가 간의 분쟁을 평화적으로 해결하기 위해 1948년 팔레스타인 지역의 정전상태를 감시하는 활동으로 시작됐다. 현재 아프리카, 중동, 유럽, 아시아, 중남미 등 약 12개 지역에서 9만여 명의 군인, 국제공무원, 지역공무원, 유엔봉사자 등 다양한 사람들이 활동하고 있다.

◀ 한국 유엔평화유지군이 레바논의 한 학교 앞에서 아이들에게 태권도로 사과 격파 시범을 보이고 있다. 한국은 1991년 유엔에 가입했다.

 **Tip** **6·25전쟁과 유엔군** 1950년 6·25전쟁에는 국제 평화와 안전 회복을 임무로 하는 유엔군이 대규모로 조직돼 활동했다. 유엔안전보장이사회는 북한의 무력공격을 침략행위로 규정하고, 유엔군을 편성했다. 6·25전쟁 당시 미국 38만 명, 영국 4만 명, 캐나다 3만 명, 터키 1만 5000명 등 총 21개국에서 파견된 유엔군이 참전했다.

# 엘리자베스 1세의 배려 외교

전략마인드 08

 **Tip**

**엘리자베스 1세**(Elizabeth I, 1533~1603) 어린 시절 어머니가 참수되고 자신은 런던탑에 유폐되는 등 많은 고생을 했다. 이복언니인 메리 1세가 죽자 즉위했다. 엘리자베스 1세의 재위기간 동안 영국은 절대주의의 전성기를 구가했다. 섬나라에서 해상대국으로 성장했고, 문화의 황금기를 누렸다. 셰익스피어, 스펜서, 베이컨 등이 이 시기에 활동했다. 국민들로부터 '훌륭한 여왕 베스'라고 불렸다.

**Tip**

**핑거볼**(Finger Bowl) 서양 요리의 정식 코스에서 마지막에 나오는 과일을 먹고 난 뒤에 손가락 끝을 씻기 위한 물을 담은 작은 사발이다. 핑거볼에 손가락 끝을 담가 조용히 씻는 것이 예의다. 영국의 엘리자베스 1세 여왕이 초대한 인도 귀족이 만찬 도중 핑거볼의 물을 마셔버렸다. 이에 여왕은 인도 귀족이 무안해할까 봐 자신도 핑거볼 물을 마셨다는 일화가 전해온다.

◀ 엘리자베스 1세 영국 여왕의 초상화들. 왼쪽 초상화는 영국 런던 소더비 경매에서 260만 파운드(약 50억 원)에 팔린 작품이다. 16세기에 플랑드르 출신의 화가 슈테판 반 데르 묄러가 그렸다.

# 인도계 이민 2세 리시 수낵 영국 총리

전략마인드 09

**Tip**

**리시 수낵(Rishi Sunak, 1980~)** 영국 최초의 비백인 총리. 인도계 이민자 가정 출신으로, 영국 명문 옥스퍼드대를 졸업하고 미국 스탠퍼드대에서 경영학 석사(MBA) 학위를 받았다. 세계적 투자은행 골드만삭스에서 일하다 2015년 정계에 입문했고, 재무부 장관을 거쳐 2022년 10월 총리 자리에 올랐다. 영국 최초의 힌두교 신자 총리, 영국 최초의 1980년대생 총리로도 유명하다.

**Tip**

**다문화가족** 오랫동안 단일민족으로 살아온 우리나라에도 국제결혼과 그에 따른 다문화가족이 늘어나고 있다. 우선 세계화시대로 접어들면서 내외국인의 교류가 빈번해졌고, 국내에 거주하는 외국인도 증가했다. 또한 농촌인구 감소로 농촌 남성들이 동남아권 여성들과 결혼하면서 다문화가족이 급증하고 있다.

◀ 주요 7개국(G7) 정상회의 참석차 일본을 방문 중인 윤석열 대통령이 2023년 5월 20일 일본 히로시마 그랜드 프린스 호텔에서 열린 한-영국 정상회담에서 리시 수낵 영국 총리와 악수하고 있다.

# 오로지 국익! 또 국익!
## '세희 아빠' 리퍼트

**Tip**

**마크 리퍼트**(Mark Lippert, 1973~) 미국의 기업인, 정치인, 관료. 스탠퍼드대와 동 대학원에서 정치학을 전공하고, 정계에 투신했다. 버락 오바마 전 대통령 최측근으로, 2009년 오바마 행정부 출범 후 백악관 안전보장회의(NSC) 수석보좌관과 비서실장을 거쳐 2014년 주한 미국대사로 부임했다. 2017년 임기를 마친 뒤에도 수시로 내한하는 등 한국과의 인연을 이어가다 2022년 삼성의 북미 지역 대외업무를 총괄하는 직책(부사장)을 맡았다.

 **Tip**

**매력외교** 국제 외교무대에서 성공하려면 군사력, 경제력 같은 '하드 파워'뿐 아니라 상대 마음을 사로잡는 '소프트 파워'도 필요하다. 소프트 파워를 활용해 국가 이미지를 높이고 우호적 환경을 조성해 원하는 바를 얻어내는 것을 '매력외교'라고 한다. 우리나라의 매력 자산으로는 경제성장과 민주화를 동시에 이룩한 발전 모델, K-팝과 K-드라마로 대표되는 문화적 우수성 등이 꼽힌다.

◀ 2017년 4월 서울 잠실야구장에서 열린 두산 베어스 경기에서 마크 리퍼트 전 주한 미국대사(가운데)가 두산 유니폼을 입고 관람하고 있다.

# Part 2

# 문화외교와 번영

문화는 상대의 마음을 이끈다.
K-팝과 K-드라마, 경제발전 등 대한민국 문화 자산은
한국에 대한 호감도를 높인다.
전통적인 외교로 달성하기 어려운 국가적 목표도
문화를 통해 상대국의 마음을 녹이면
의외로 쉽게 이룰 수 있다.
문화외교의 중요성이 날로 커지는 이유다.

# 독일 파견 한국 광부와 간호사의 민간외교

문화외교와 번영 01

◀ 1960년대 독일에 파견된 한국인 간호사가 환자의 산책을 돕고 있는 모습(왼쪽)과 독일 파견 광부들이 갱도에서 나오는 모습(오른쪽).

 **Tip**

**브란덴부르크 게이트**(Brandenburg Gate) 독일의 대표적 상징물로, 1788~1791년에 세워졌으며 프로이센 왕국의 개선문이다. 아테네 신전의 열주현관을 모델로 삼았고 독일 고전주의 건축의 걸작으로 손꼽힌다. 동서독 시대에는 브란덴부르크 게이트 바로 앞에 놓인 베를린 장벽이 분단의 상징이었다. 1989년 11월 9일 베를린 장벽이 무너진 뒤에는 통일독일의 상징이 됐다.

**Tip** **독일 파견 광부와 간호사** 1963년 500명의 한국인이 광부로 독일에 파견됐다. 당시 식량 사정이 심각했던 우리나라는 독일에 돈을 빌린 대가로 광부와 간호사를 파견했다. 1977년까지 15년간 파견된 광부와 간호사는 7932명에 이른다. 이들은 월급의 70~90%를 조국의 가족에게 송금했는데, 한때 그 액수가 우리나라 1인당 국민소득(GNP)의 2%에 이르렀다.

◀ 1960년대 워커힐 호텔 전경.

**Tip** **워커힐 호텔** 한국전쟁에 참전했다가 1950년 12월 23일 교통사고로 순직한 월턴 워커 장군의 이름을 따서 만든 호텔이다. 워커 장군은 인천상륙작전을 성공적으로 이끌었으며 아들 또한 위험한 전선에서 함께 근무했다. 1960년 수출상품이 마땅찮던 우리 정부는 관광산업 수익을 경제개발자금으로 사용하기 위해 워커힐 호텔을 만들었다.

◀ 워커힐 호텔이 워커 장군을 비롯한 6·25 참전용사들의 공을 기리고자 산책로에 세운 워커 장군 추모비.

# 코리아 LPGA선수들의 스포츠외교

문화외교와 번영 03

**Tip**

**미국여자프로골프협회(LPGA) 명예의 전당** LPGA 명예의 전당에 입회하려면 27포인트를 따야 한다. 일반 투어 대회 우승과 시즌 평균 타수 1위, 올해의 선수상에 1점씩 주고 메이저 대회 우승자는 2점을 받는다. 이렇게 최소 27점을 받고 나서 메이저 우승, 평균 타수 1위, 올해의 선수 가운데 하나의 조건을 충족해야 한다. LPGA 투어 멤버로 10년 이상 활동해야 하는 규정은 2022년 삭제 됐고, 대신 올림픽 금메달을 따면 1점을 주기로 했다.

 **Tip** **스포츠 외교** 우리나라에 골프장이 처음으로 생긴 때는 1954년이다. 당시 1인당 국민소득은 80달러 정도였다. 한때 골프장을 콩밭으로 바꾸자는 결정으로 사라질 위기에 처한 적도 있다. 경제가 성장하고 우리 선수들이 해외무대에서 맹활약하면서 스포츠는 국가 이미지를 높이는 것은 물론이고 외교역량 증대에도 크게 기여하고 있다.

▶ 2016년 8월 20일 브라질 리우데자네이루 올림픽에서 금메달을 목에 건 박인비 선수.

# First Lady와 Lady First

문화외교와 번영 04

 **Tip**

**레이디 퍼스트**(Lady First) '숙녀 먼저'라는 의미. 영국 아서왕으로부터 유래한 기사도가 훗날 신사도로 발전해 서양 예절의 기본인 남성의 규범을 가리키는 말이 됐다. 페어플레이 정신이나 명예를 소중하게 여기는 태도, 여성을 대하는 정중한 태도(Lady First), 사회적 약자(노인, 어린이 등)에 대한 위로 등이 포함된다.

 **Tip**

**퍼스트레이디**(First Lady) 1893년 미국 대통령 테일러가 부인의 장례식장에서 부인의 덕을 기리기 위해 처음 사용했다. 국가 최고지도자의 부인이라는 뜻이다. 국가 최고지도자의 부인이 부재 중일 때 정치적으로 부인 역할을 하는 사람도 퍼스트레이디라고 한다. 1974년 육영수 여사가 서거한 이후 장녀인 박근혜 전 대통령이 퍼스트레이디 역할을 했다.

▶ 박정희 대통령 시절 먼저 세상을 떠난 육영수 여사를 대신해 퍼스트레이디 역할을 하던 박근혜 전 대통령(왼쪽)과 미국의 빌 클린턴 대통령 시절 퍼스트레이디를 지낸 힐러리 전 국무장관.

# 한국의
# 문화영토 넓히기

문화외교와 번영 05

**Tip**

**문화영토** 정부가 국경선을 통해 배타적으로 지배할 수 있는 지역을 정치·지리적 영토라고 한다. 반면 문화영토는 세계 문화 속에서 한 민족국가가 차지하는 문화적 비중을 말한다. 국민의 문화역량에 따라 증가할 수도 있고 위축될 수도 있다. 문화영토 확장에 큰 영향을 미치는 영화는 문화산업일 뿐만 아니라 국부(國富) 창출에도 중요하다. 그래서 대중예술인은 최고의 외교관이다.

**Tip**

**대중문화와 문화영토** 과거에는 얼마나 많은 사람이 그 나라를 방문해 역사유적을 관광하느냐, 즉 관광객 수가 문화영토의 크기를 결정했다. 그러나 세계화가 급속하게 진행된 현대에는 얼마나 많은 사람이 각국이 생산한 대중문화에 관심을 갖느냐가 더 중요하다. 특정한 나라의 대중문화에 대한 관심이 특정한 나라의 상품 수입과 소비에도 절대적인 영향을 미친다.

◀ 2020년 2월 10일 제92회 아카데미 시상식에서 각본상, 국제영화상, 감독상, 최우수 작품상을 휩쓸며 4관왕을 달성한 영화 '기생충'의 주역들.

# 만우절에 듣고 싶은 덕담외교

문화외교와 번영 06

 **Tip**

**만우절** 4월 1일은 만우절이다. 이날은 거짓말을 하거나 장난을 쳐도 나무라지 않는다. 서양에서는 만우절에 속아넘어간 사람을 '4월의 바보'라고 부른다. 15세기 프랑스와 네덜란드에서 시작된 만우절은 우리의 새해 덕담과 비슷하다. 프랑스에서는 1564년부터 1584년 사이에 만우절을 새해 첫날로 지정하기도 했다. 명절이나 공휴일은 아니지만 많은 지역에서 기념일로 여긴다.

**Tip**

**만우절 거짓말 박물관** 만우절 거짓말 박물관(http://hoaxes.org)에서는 가장 재미있는 '100대 만우절 거짓말'을 선정한다. 1위는 1957년 영국 BBC에서 방영한 '스파게티 나무' 이야기다. '파노라마(Panorama)'라는 프로그램에서, 스위스에서 스파게티를 수확하는 나무를 보여주자 스파게티 나무의 재배법 등에 관한 문의가 폭주했다고 한다.

▲ 만우절 박물관 홈페이지에 소개된 박물관 전경.

# 국가적 상징, 노트르담 대성당

문화외교와 번영 07

 **Tip**

**국가상징** 공식적 상징과 비공식적 상징으로 나눌 수 있다. 애국가, 국기 등은 공식적이고 역사적 가치, 문화적 특수성을 가진 상징물은 비공식적이다. 국가상징은 한순간에 만들어지는 것이 아니라 오랜 세월 동안 역사, 문화, 사상 등이 스며들어 만들어진다. 국민 모두가 우리는 하나라고 생각하게 만드는 자산이자 사회적·도덕적 혼란을 예방하고 국민을 통합하는 데 중요한 역할을 한다.

 ◀ 2019년 4월 노트르담 대성당이 화염에 휩싸인 모습. 노트르담 대성당은 1345년 완공된 고딕 양식 건축물로 '파리의 심장'으로 불린다.

 **Tip** 숭례문(崇禮門) 1398년(태조 7년)에 낙성됐다. 흔히 '남대문'이라고도 부르는데, 조선시대 서울을 둘러쌌던 성곽의 정문이다. 오행사상을 따라 지어진 이름이며 인(仁, 동)·의(義, 서)·예(禮, 남)·지(智, 북)·신(信, 중앙)의 5덕(五德)에서 숭례문의 '례'가 유래했다. 2006년 일반인에게 개방했으나 2008년 2월 방화로 소실됐다가 2012년 복원됐다.

# 중국의 조어대와
# 진해의 이승만 별장

문화외교와 번영 08

 **Tip**

**조어대(釣魚臺)** 중국 황제가 낚시하는 터라는 뜻을 가진 조어대는 12세기 금나라 장종 황제가 처음 건축해 사용했다. 중국 정부는 1959년 조어대 구역에 호텔시설을 지어 국빈관으로 사용하기 시작했다. 조어대는 드넓고 아름다운 호수도 있어 방문객들에게 깊은 감동을 준다. 중국을 방문한 외국 지도자들, 사회 유명인사들이 이곳에 묵는데 지금까지 다녀간 외국 정상급 국빈만 1200여 명에 달한다.

**Tip**

**이승만 별장** 원래는 일본군이 군사적 목적으로 지었는데 정부 수립 이후 수리해 대통령 별장으로 사용했다. 1949년 8월 이승만 대통령의 초청으로 한국을 방문한 중화민국(대만) 장제스 총통이 경상남도 진해에 있는 별장에 묵었는데, 모기 때문에 무척 고생했다는 이야기가 전해오고 있다.

◀ 중국을 방문하는 국빈들의 숙소로 사용되는 조어대의 삼엄한 경비.

# 한국어를 국제공용어로!

문화외교와 번영 09

 **Tip**

**특허협력조약** 조약에 참가한 국가들이 각국에서 출원하는 특허의 권리를 모두가 동시에 인정하는 것을 말한다. 세계화시대에 각 국가의 흥망성쇠는 특허 출원의 질과 양으로 결정된다. 한국어가 이 기구에서 공식 언어가 됨으로써 지식강국으로 발돋움할 수 있는 좋은 계기가 된 것이다.

 **Tip** **한글날** 세종대왕의 한글 반포를 기념하는 날로 10월 9일이다. 처음 한글의 이름은 훈민정음이었고, 언문이라고도 불렸다. 주시경 선생이 어린이 잡지에 '한글'이라고 쓴 것을 계기로 한글로 불리게 됐다. 조선어학회가 주축이 돼 훈민정음 반포 기념일을 한글날로 부르기 시작했다.

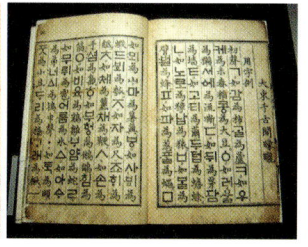

◀ 세종대왕 영정(왼쪽)과 훈민정음 해례본(오른쪽).

# 대국(大國)으로 가는 길엔 문화가 있다

문화외교와 번영 10

**코첼라 페스티벌** 정식 이름은 '코첼라 밸리 뮤직 앤드 아츠 페스티벌'. 미국 캘리포니아주 남부에 있는 큰 계곡 '코첼라 밸리'에서 1999년부터 매년 열리는 축제다. 해마다 세계 각국에서 수십만 명의 관객이 찾아 음악을 즐긴다. 2023년 '블랙 핑크'가 이 축제 헤드라이너(대표 가수)로 선정돼 화제를 모았다. 헤드라이너는 여러 사람이 참여하는 공연에서 대표적으로 내세우는 가수를 뜻하는 말로, 보통 공연 맨 마지막을 장식한다.

**나의 소원** 백범 김구 선생이 1947년 출간한 자서전 '백범일지' 말미에 수록한 논설문이다. 백범은 정치인으로서 자신의 비전을 밝힌 이 글에서 "나의 정치 이념은 한마디로 표시하면 자유다. 우리가 세우는 나라는 자유의 나라라야 한다"고 했다. 또 "오직 한없이 가지고 싶은 것은 높은 문화의 힘"이라며 "우리나라가 (중략) 높고 새로운 문화의 근원이 되고 목표가 되고 모범이 되기를 원한다"고 강조했다.

◀ 2023년 코첼라 페스티벌 헤드라이너로 선정된 그룹 '블랙핑크'의 공연 모습

# Part 3
# 다양한 외교자원

외교는 목적에 따라 다양한 자원이 동원된다.
미국에서 인구 1000명이 안 되는 작은 마을 크로퍼드 목장도,
일제강점기에 간송 전형필 선생이 우리 문화재를 수집한 것도
외교자산이다.
국익에 따라 다양하게 등장하는 외교자산은
각국의 소리 없는 아우성이다.

# 크로퍼드 목장과 외교 메카

다양한 외교자원 01

 **Tip** **크로퍼드 목장** 조지 W. 부시 대통령 부부가 1999년에 매입한 목장으로 '서부에 위치한 백악관'으로 불릴 정도로 외교적인 장소였다. 부시 대통령은 친한 외국 지도자 혹은 친해지기를 바라는 지도자를 크로퍼드 목장으로 초대했다. 이라크전, 테러와의 전쟁, 이란 문제 등 심각한 현안 돌파를 위해 중국과 영국·일본·러시아의 정상들을 한 번씩 목장으로 초대해 외교적 성과를 거둔 것으로 유명하다.

 **Tip**

**캠프데이비드** 정상회담을 하는 또 하나의 장소로, 미국 대통령의 별장이다. 역대 한국 대통령 중 처음으로 이명박 대통령이 이곳에 초대받았다. 주로 친밀하고 좋은 관계를 유지해야 하는 국가의 지도자를 초대한다. 부시 대통령 이전부터 미국 대통령들이 정상회담장으로 사용했으며, 이곳에서 윈스턴 처칠 영국 총리와 루스벨트 대통령이 제2차 세계대전 종식 방안을 논의했다.

▲ 2003년 크로퍼드 목장에서 고이즈미 준이치로 일본 총리와 함께 한 부시 미국 대통령(왼쪽). 2008년 미국 대통령의 공식 별장인 캠프데이비드에서 부시 미국 대통령과 이명박 대통령이 손을 흔들고 있다(오른쪽).

# 선물 잘 고르는 것도 외교

**다양한 외교자원 02**

◀ 대통령이 받은 선물들. 노무현 전 대통령이 받은 '목제 코끼리상'(왼쪽)과 김대중 전 대통령이 받은 '향단지'(오른쪽).

**Tip**

**공직자윤리법** 대통령의 선물은 1983년 1월 1일부터 시행된 '공직자윤리법'과 '대통령기록물 관리에 관한 법률'에 따라 관리된다. 공직자윤리법은 공직자가 100달러 이상의 선물을 받은 경우 국고에 귀속하도록 의무화하고 있으며 대통령기록관이 이를 관리한다.

**Tip**

대통령기록관(www.pa.go.kr) 홈페이지 선물 갤러리 코너를 통해 역대 대통령들이 직무를 수행하면서 외국이나 단체로부터 받은 다양한 선물을 볼 수 있게 서비스하고 있다. 대통령기록관이 소장한 선물은 약 1만 6000점이며, 그 중 3574건은 홈페이지에서 증정인 이름, 특징 등의 정보와 함께 살펴볼 수 있다.

# 외교의 디테일, 의전의 중요성

**다양한 외교자원 03**

◀ 2023년 4월 세계박람회 개최 후보지 점검을 위해 방한한 국제박람회기구(BIE) 실사단이 부산역에 도착한 뒤 대취타 행렬을 따라 이동하고 있다.

 **Tip**

**외교의전** 국가원수 및 고위급 인사가 외국을 방문하거나 외국의 고위인사가 우리나라를 방문하는 경우 국가 차원에서 준비해야 하는 국가적 예의를 말한다. 즉 외교행사에 필요한 예의범절이다. 우리나라는 외국 국가원수가 방문할 때 크게 열한 가지 범주로 구분해 준비하는데 누가 영접할 것인가, 누가 공항에 나갈 것인가, 공항행사를 어떻게 할 것인가 등의 내용을 담고 있다.

▲ 1999년 한국을 방문한 엘리자베스 당시 영국 여왕.

# 간송과 예카테리나 2세의 컬렉션 애국

다양한 외교자원 04

 **Tip**

**에르미타주 박물관** 런던의 대영 박물관, 파리의 루브르 박물관과 함께 세계 3대 박물관으로 꼽힌다. 재위기간 동안 막강한 절대권력을 휘둘렀던 예카테리나 2세의 허영심이 만들어낸 박물관이다. 박물관에는 레오나르도 다 빈치, 미켈란젤로, 루벤스, 렘브란트, 르누아르, 고흐, 고갱 등 유명 화가들의 진품이 전시돼 있다.

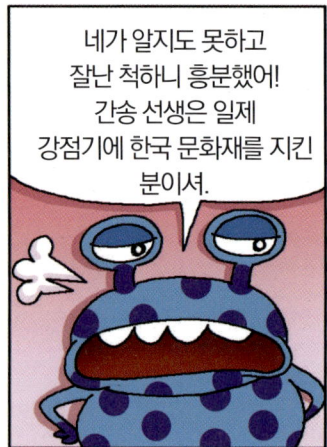

**Tip**

**간송 전형필**(澗松 全鎣弼, 1906~1962) 종로 일대의 상권을 장악한 10만 석 집안에서 태어났다. 미술가 고희동과 오세창에게 우리 문화재의 소중함을 사사했다. 민족문화재 수집에 심혈을 기울였을 뿐 아니라 사재를 털어 우리 문화재가 일본으로 유출되는 것을 막았다. 1938년에는 우리나라 최초의 사립박물관인 보화각(지금의 간송미술관)을 세워 수집한 문화재를 보관했다.

◀ 1938년 건축 당시의 모습을 그대로 유지하고 있는 간송미술관 전경(왼쪽)과 일제의 문화재 약탈을 막아낸 간송 전형필(오른쪽).

# 노래와 함께하는 외교

다양한 외교자원 05

 **Tip**

**핑퐁(ping-pong)외교** 1971년 나고야 세계탁구선수권대회에 참가한 중국이 미국 선수와 기자를 초청한 데서 시작됐다. 이를 계기로 20년 이상 막혀 있던 미국과 중국의 교류에 징검다리가 놓였다. 그해 7월 헨리 키신저 국가안보담당 보좌관이 극비리에 중국을 방문했고 1973년 2월에는 리처드 닉슨 대통령이 방중, 미국과 중국은 '상하이 공동성명'을 발표했다.

 **Tip**

**음악(sing-song)외교** 민간 오케스트라를 적대국에 보내 좋은 관계를 만들려는 외교정책이다. 1956년 보스턴 오케스트라의 옛 소련 공연이나 1973년 필라델피아 오케스트라의 중국 방문 공연이 대표적인 예다. 적대국간의 싱송외교가 이뤄지려면 민간 연주단과 공연기획사, 양국 정부의 긴밀한 협조가 뒷받침돼야 한다.

◀ 2008년 역사적인 뉴욕 필하모닉 오케스트라의 북한 공연이 끝난 뒤 지휘자인 로린 마젤이 꽃다발을 받고 있다.

# 특별사절단의 스페셜 임무

다양한 외교자원 06

**Tip** 　**특별사절** 특별한 외교 임무를 특정한 기간에 수행하는 외교관이다. 사무사절은 타국과의 관계에 긴급한 문제가 있는 경우에 파견하는 임시사절, 국제회의에 파견하는 회의대표단, 일시적으로 교섭이 필요한 정치단체에 파견하는 상주대표로 나뉜다. 의전사절은 군주의 대관식, 대통령 취임식, 국가독립경축식 등과 같은 의식에 참가하기 위해 국가의 대표로 파견되는 사절이다.

**Tip**

**특별사절의 임명** 각국은 특별사절을 임명하고 임무를 부여하는 데 필요한 규정을 갖고 있다. 우리나라는 '정부대표 및 특별사절의 임명과 권한에 관한 법률'을 근거로 특별사절을 임명한다. 대체로 외교부 장관의 제청으로 국무총리를 거쳐 대통령이 임명한다. 특별사절의 공식적인 발언은 모두 우리 정부의 대외정책이므로 국민이 바라는 바를 주변국들에 잘 전달해야 한다.

◀ 2008년 2월 국회에서 열린 제17대 대통령 취임식에는 각국 외교사절단이 참석했다.

# 워런 버핏의 자산과 자선의 힘

다양한 외교자원 07

◀ '투자의 귀재'로 불리는 워런 버핏 버크셔 해서웨이 회장이 손짓을 하며 열정적인 강연을 하고 있다.

**Tip**

**워런 버핏**(Warren Edward Buffett, 1930~ ) '오마하의 현자(賢者)'로 불리는 세계 최고의 부자 중 한 명이다. 2023년 4월 기준으로 약 1060억 달러의 자산을 갖고 있는 버핏은, 2006년 본격적으로 기부를 시작해 2022년 기준 480억 달러를 기부한 기록도 보유하고 있다. 막대한 부를 갖고 있음에도 버핏은 1958년 3만1500달러에 구매한 고향 오마하의 자택에서 검소하게 살고 있다.

**Tip**

**워런 버핏의 영향력** 워런 버핏의 국제적·경제적 영향력은 엄청나다. 몽골의 세 배나 되는 자산을 가지고 있고, 기부금은 몽골의 연간 수주총액인 20억 달러의 20배가 넘는다. 13세기에 칭기즈칸이 무력으로 세계를 정복했다면, 21세기에 워런 버핏은 자산과 자선으로 세계를 제패한 셈이다.

# 경찰 제복 입은 외교관, 인터폴

**다양한 외교자원 08**

▲ 2023년 2월 9일 아랍에미리트 아부다비에서 열린 인터폴 아시아 지역 컨퍼런스 모습. 참가자들은 마약 밀매, 사이버 범죄 등 다양한 범죄에 맞서 싸우기 위한 협력 강화 방안에 대해 논의했다. (인터폴 홈페이지)

**Tip**

**인터폴** 국제형사경찰기구(International Criminal Police Organization)를 줄여 부르는 말이다. 범죄를 저지르고 다른 국가로 도망가는 경우가 빈번해지자 여러 국가의 경찰 관계자들이 국제경찰위원회를 만들어 경찰 업무를 국제적으로 협력할 필요성을 느껴 설립하게 됐다. 2023년 기준 195개국이 참가하고 우리나라도 1964년에 가입했다.

 **Tip**

**인터폴 운영** 인터폴 본부는 프랑스 리옹에 있다. 본부에는 각종 국제범죄에 대한 관련 기록 및 범죄자의 지문, 사진 등을 분석하고 정리한 데이터 장치가 있으며, 국제적으로 지명 수배된 범죄 용의자, 장물, 범죄수법 등을 회원국이 공유한다. 인터폴 본부는 회원국이 파견한 경찰관들로 구성된다.

# 좋은 로비스트와 국력

다양한 외교자원 09

 **Tip**

**로비활동** 정책을 직접 결정할 권한이 없는 집단이 특정한 방향으로 정책이 결정되도록 정책결정집단을 상대로 벌이는 활동이다. 이런 활동을 하는 사람을 로비스트라고 한다. 로비활동은 합법적인 활동으로 국내에서는 국회에 진출하지 못한 이익단체들을 대신해 이뤄지고, 국제관계에서는 강대국을 대상으로 이뤄진다.

**Tip**

**로비공개법** 미국은 1995년에 로비활동을 공개하는 법을 만들었다. 로비공개법은 로비스트의 이름, 주소, 전화번호, 사업장, 활동 내용 등을 공개적으로 등록하도록 한다. 로비활동을 합법화하는 대신 로비활동 과정을 투명하게 밝힘으로써 국익을 보호하는 것이다.

▲ 2006년 한국 정부의 첫 공식 미국 로비스트로 임명된 토머스 김.

# 악플이 만든 혐한론, 민간외교로 회복해야

**다양한 외교자원 10**

**혐한론(嫌韓論)** 중국인들이 한국과 한국인을 싫어하는 감정을 말한다. 젊은 세대를 중심으로, 특히 네티즌들 사이에서 민족주의 성향이 일어나며 시작됐다. 올림픽을 전후해 혐한론이 더욱 크게 일어났다. 중국 지진 사태에 대한 한국 네티즌들의 부정적 발언은 물론이고 중국의 불량식품 파동, 역사적 피해의식과 같은 다양한 요인이 작용하고 있다.

내가 베이징에서 수많은 학자와 차세대 지도자, 학생들을 만났는데…

많은 중국인들은 여전히 한국에 대해 일본 식민지를 청산하고 잘사는 나라,

민주화를 이루고 IT강국이 된 나라라고 부러워하고 있지.

그런데 중국인들 중 일부가 한국 네티즌이 단 댓글에 분노를 표시했어. 쓰촨성 대지진으로 10만 명이 죽었는데 한국 네티즌이 고소하다고 댓글을 달아 충격을 받은 거지.

이제 댓글도 외교행위야. 대수롭지 않게 여긴 댓글 때문에 다른 나라와 가까워질 수도, 멀어질 수도 있다는 걸 명심해야지.

몇몇 네티즌의 악성 댓글이 한중관계를 망가뜨린 셈이지.

 **Tip**

**외교** 국제사회에서 교섭을 통해 국가간에 맺는 모든 대외관계를 말한다. 영어로는 디플로머시(diplomacy)라고 하는데, '접어 포개다'라는 뜻이다. 로마제국시대에는 '접어 포개진' 모양의 금속판으로 만든 통행권을 디플로마(diplomas)라 불렀고, 1645년부터 공문서라는 의미로 쓰이게 되었다. 오늘날처럼 외교라는 뜻으로 사용된 것은 18세기 말엽부터다.

◀ 2023년 5월 서울 용산 대통령실 청사에서 열린 한-EU 정상회담 모습이다.

# Part 4

# 역사 모멘텀과 외교 스토리

아홉 살 때 크게 눈병을 앓은 이승만은
선교사이자 의사 알렌의 도움으로 실명 위기에서 벗어나
의술과 외국에 눈을 뜬다.
미국 중앙정보국(CIA) 요원은 늘 선글라스를 착용하고
'조용한 애국주의'를 실천한다.
외교는 역사적인 모멘텀과 숨은 스토리를 담은 보석함이다.

# 소년 이승만의 눈병과 한미관계

역사 모멘텀과 외교 스토리 01

 **Tip**

**소년 이승만의 큰 뜻** 선교사이자 의사인 호러스 알렌이 한의학으로 고칠 수 없었던 눈병을 서양 의술로 낫게 하자 소년 이승만은 큰 뜻을 품게 된다. 이후 그는 신학문과 영어를 배웠고 미국에서 석사와 박사학위까지 받았다. 독립협회와 상하이 임시정부에서 활동한 그는 1948년 대한민국 초대 대통령에 당선됐다.

 **Tip**

**이승만 대통령과 한미관계** 이승만 대통령은 미국과 동맹관계를 가장 든든하게 맺은 지도자이자 최고의 외교관이었다. 미국 유학 중에 만난 수많은 미국 지도자들이 우리나라의 정부 수립과 한국전쟁에 많은 지원을 했기 때문이다.

◀ 1953년 방한한 닉슨 미국 부통령이 이승만 대통령과 함께 의장대를 사열하는 모습(왼쪽)과 이승만 대통령(오른쪽).

# 윈스턴 처칠의 목욕탕 학습

역사 모멘텀과 외교 스토리 02

**Tip**

**윈스턴 처칠**(Winston Leonard Spencer Churchill, 1874~1965) 영국의 정치가. 제2차 세계대전 중에 노동당과의 연립내각을 이끌고 루스벨트, 스탈린과 더불어 전쟁을 지휘했다. 이후 반소 진영의 선두에 섰으며 1946년 '철의 장막'이라는 신조어를 만들어내기도 했다. 작가로도 뛰어나 역사와 전기 등 여러 편의 작품을 남겼고 1953년에 발표한 '제2차 세계대전'으로 노벨문학상을 수상했다.

**Tip**

**연설** 많은 청중 앞에서 일방적으로 자신의 주장을 말로 전달하는 표현법이다. 고대 그리스로부터 전통이 이어지는데, 그리스에서는 정치가가 권력을 얻으려면 전 시민이 출석한 자리에서 대중을 설득할 수 있어야 했다. 로마인은 그리스인에게 웅변술을 배웠는데, 특히 키케로의 카틸리나 탄핵연설과 안토니우스의 연설이 유명하다. 근대에는 의회제도가 확립된 영국에서 정치적 연설이 발달했다.

◀ 제2차 세계대전 당시 군복을 입고 승리의 'ㅂ이(V)'자를 그려 보이는 윈스턴 처칠.

# 셔틀외교와 매파외교

역사 모멘텀과 외교 스토리 03

 **Tip**

**셔틀외교(매파외교)** 외교에서 주요 당사자 사이를 오가면서 사이가 나쁜 두 당사자의 기본 입장을 누그러뜨리고 중요한 합의를 하도록 하는 외교 역할을 셔틀외교 또는 매파외교라고 한다. 미국의 국무장관 헨리 키신저가 1970년대 초반 전쟁 중인 아랍과 이스라엘을 오가면서 평화체제를 만들기 위해 처음으로 셔틀외교를 시작했다.

> **Tip**
>
> **셔틀외교와 수시 정상외교** 관심은 있지만 서로 말하지 못하는 두 당사자를 친하게 만드는 것이 셔틀외교다. 셔틀외교를 하다 보면 문제가 생길 때마다 정상들이 만나 서로의 입장을 조율하여 재빨리 수습하는 정상외교를 하게 된다. 따라서 요즘은 셔틀외교가 수시로 하는 정상외교의 의미로도 사용된다. 남북한 당국 역시 셔틀형 남북대화를 시도하고 있다.

◀ 2008년 한일정상회담을 하기에 앞서 이명박 당시 대통령(왼쪽)과 후쿠다 야스오 일본 총리(오른쪽)가 악수를 하고 있다.

# 미국 CIA의
# 선글라스 애국주의

역사 모멘텀과
외교 스토리 04

**Tip**

**CIA(Central Intelligence Agency)** 미국 중앙정보국. 1947년 트루먼 대통령이 국가안전보장법에 의거해 대통령 직속 국가정보기관으로 창설했다. 외국 정부, 기업, 그리고 개인에 관한 정보를 수집·분석해 미국 정부의 여러 부처에 보고하는 임무를 수행한다. CIA는 미국의 국가이익을 최일선에서 지킨다. 반면 FBI는 미국 법무부 산하의 수사기관으로 범죄를 수사하고 미국 내 정보를 수집한다.

 **Tip**

**CIA 요원의 임무와 가치** 외교관이 국제관계에서 이익을 지키는 공무원이라면, CIA 요원은 얼굴을 가린 채 국익을 지키는 외교전사다. CIA 요원은 자신보다 국가와 기관을 먼저 생각하고, 주어진 임무를 수행하는 데 최고의 전문성을 지녀야 한다. 위협세력의 정보를 수집·분석해 대통령을 비롯한 최고결정권자에게 정책건의서를 제공하고, 결정사항을 비밀리에 완수하는 것이 목표다.

▶ 부시 미국 대통령이 CIA 로비에 있는 로고 위를 지나는 모습(왼쪽)과 2009년 리언 파네타 당시 CIA 국장이 취임선서를 하는 모습(오른쪽).

# 하드파워를 이긴 스마트 파워 시대

역사 모멘텀과 외교 스토리 05

**Tip** 스마트 외교 조지프 나이 미국 하버드대 석좌교수가 창안한 개념으로, 하드파워나 소프트파워 어느 한 쪽에 치우치지 않고 양자를 효과적으로 결합시켜 활용하는 총체적 능력을 뜻한다. 나이 교수는 외교관계에서 국익을 관철하려면 군사력과 경제제재 같은 하드파워뿐 아니라 문화적·외교적 영향력을 뜻하는 소프트파워도 중요하다며 이 둘을 조화롭게 운용하는 스마트파워의 중요성을 강조했다.

**Tip**

**예산이 필요 없는 스마트 외교** 미국의 국내총생산(GDP) 규모는 2022년 기준 약 25조5000달러로 우리나라의 15배 정도다. 미국은 2023 회계연도 국방비로 8580억 달러를 배정할 만큼 하드파워를 구축하는 데도 큰 돈을 쓴다. 동시에 우방국 정상이 선출되면 의회에서 '축하 결의안'을 채택하는 등 예산을 전혀 사용하지 않으면서 외교적 영향력을 유지하는 스마트 전략도 적극적으로 구사하고 있다.

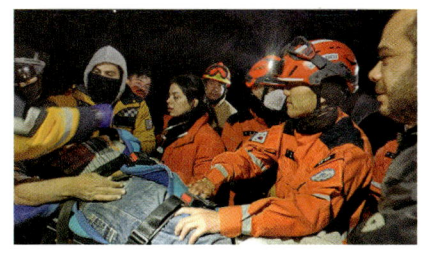
◀ 2023년 2월 발생한 튀르키예 지진. 인명 구조현장에 투입된 대한민국 긴급구호대가 70대 남성 부상자를 들것에 실어 옮기고 있다.

# 고향으로 돌아가는 미군 유해

역사 모멘텀과 외교 스토리 06

 **Tip**

**북·미 미군유해송환협상** 1996년 1월 하와이에서 열린 미군유해송환협상 결과 북미 양국은 공동으로 미군 유해를 발굴하기로 합의했다. 유해발굴작업을 맡을 공동조사반을 구성해 현장작업을 벌이되 장비 및 비용은 미국이 전액 부담하기로 한 것이다. 1996년부터 미국은 국방부 산하 전쟁포로 및 실종자 담당처(JPAC)를 통해 6·25전쟁 중 사망·실종된 미군의 유해발굴작업을 벌이고 있다.

**Tip**

**고향으로 돌아가는 미군 유해** 6·25전쟁에서 조국을 위해 목숨을 바친 미군의 유해 송환행사가 서울의 주한 미군 용산기지에서 열리곤 한다. 국가원수급 예우에만 동원되는 21발의 예포 소리가 울려퍼지는 가운데 미군 유해를 추모하고 영결한다. 조국의 부름을 받고 목숨을 바친 이들의 명예를 존중한다는 뜻이다.

▲ 2005년 유엔군사령부가 용산 미군 기지 나이트 필드(연병장)에서 북한에서 발굴한 미군으로 추정되는 유해에 대한 송환식을 하고 있다.

# 평양 홍수와 국제적십자운동

역사 모멘텀과 외교 스토리 07

**Tip**

**북한 홍수** 2016년 늦여름 태풍 '라이언록' 영향으로 함경북도와 양강도 지방에 집중호우가 쏟아졌다. 북한 당국이 "해방 뒤 기상 관측 이래 처음 보는 혹심한 대재앙"으로 규정한 이때 수해로 사망·실종자 538명, 이재민이 약 12만 명 발생하고 가옥 3만 7000여 채가 침수 또는 파괴됐다. 북한은 이후에도 2020년, 2022년에 대형 홍수로 큰 피해를 입었다.

**Tip**

**국제적십자** 스위스의 사업가 장 앙리 뒤낭이 오스트리아 인근 솔페리노 지역을 여행하다가 부상한 병사를 치료한 것이 계기가 됐다. 그후 '솔페리노의 회상'이라는 책을 통해 다친 병사를 위한 헌신적인 자원봉사구호단체의 창설을 주장했다. 1863년에는 적십자 모양의 표장을 선정하고 규약을 만들었다. 우리나라는 1903년 국제적십자에 가입했다.

◀ 국제적십자위원회(ICRC)의 엠블럼(왼쪽)과 국제적십자를 창설한 스위스의 인도주의자 장 앙리 뒤낭(오른쪽).

# 세계는 왜 'K-방산'에 열광할까?

역사 모멘텀과 외교 스토리 08

**Tip** KF-21 보라매(사업명 KF-X) KAI에서 개발, 제조하고 대한민국 공군 및 인도네시아 공군이 참여하는 차세대 다목적 전투기 개발사업이다. 4.5세대 전투기(공대공 반매립 운용)로 시작해 차후 내부무장창 장착 등의 추가 개량을 통해 5, 6세대 전투기의 성능으로 업그레이드하는 것을 목표로 삼고 있다.

**Tip**

**방위산업(Defense Industry)** 국가를 방위하는 데 필요한 무기나 장비, 물자 등을 생산하는 산업. 제2차 세계대전까지는 주로 군수산업으로 불렸지만 전후 '군수(軍需·군사상 필요한 것)'라는 말 대신에 방위(防衛·적을 막음)라는 말이 널리 쓰이면서 방위산업으로 불리게 됐다. 무기산업이 핵심이지만 의류나 식량 등 소비재 산업의 일부도 포함된다.

◀ 한국항공우주산업(KAI)이 개발한 FA-50 경공격기.

# 세종대왕함과 양무호

역사 모멘텀과 외교 스토리 09

▶ 세종대왕함은 한번에 1000여 개의 표적을 탐지해 20여 개를 동시 공격할 수 있는 막강한 전투력을 갖고 있다.

**Tip**

**세종대왕함** 우리 해군이 미국, 일본 등에 이어 세계에서 다섯 번째로 갖게 된 이지스 구축함이다. 7700톤급 한 척을 만드는 데 1조 원이나 소요되고 매년 운영비만 300억 원이 필요하다. 최첨단 레이더 시스템과 스텔스 시스템을 갖추고 있다. 1000킬로미터 밖에 있는 목표물 900여 개를 동시에 추적해 20여 개의 표적을 동시 공격할 수 있는 방어 및 대응능력을 갖춘 최신 전투함이다.

**Tip**

**양무호** 우리나라 최초의 군함이다. 1902년 고종 황제가 일본 상사로부터 구입했다. 1888년 영국에서 건조한 화물상선을 일본의 무역회사가 구입, 중고 대포를 설치해 우리 정부에 팔았다. 양무호란 이름에는 '나라 힘을 키운다'라는 뜻이 담겨 있다. 하지만 안타깝게도 양무호는 대한제국을 지키는 데 사용되지 못했다.

# 암스트롱의 작은 발걸음에 감춰진 국력 경쟁

역사 모멘텀과 외교 스토리 10

**Tip**

**닐 암스트롱**(Neil Alden Armstrong, 1930~ ) 미국의 우주비행사. 1969년 7월 20일 인류 최초로 아폴로 11호를 타고 달 표면에 착륙해 두 시간 반 동안 달을 탐사했다. 달 탐사에 성공한 암스트롱은 "나 한 사람이 내딛는 것은 작은 발길음에 불과하지만 인류 전체로는 위대한 발걸음"이라고 말했다. 암스트롱은 우주비행사가 되기 전에는 해군 비행사였으며 6·25전쟁에 참전하기도 했다.

**Tip**

**유리 가가린**(Yurii Alekseevich Gagarin, 1934~1968) 러시아의 우주비행사. 1961년 4월 12일 보스토크 1호를 타고 1시간 29분 만에 지구 상공을 일주했다. 이로써 가가린은 인류 최초로 우주비행에 성공했다. 우주에서 지구를 보고 "지구는 푸른빛이었다"라고 한 말이 유명하다.

◀ 1969년 7월 20일 미국 우주비행사 닐 암스트롱이 달에 첫발을 내딛은 모습.

1판 1쇄 발행 2009년 6월 26일
개정증보판 1쇄 발행 2023년 11월 30일

지은이 | 백승주
일러스트 | 방수동, 정승혜

펴낸곳 | 동아일보사
등록 | 1968.11.9(1-75)
주소 | 서울시 서대문구 충정로 29 (03737)
편집 | 전화 02-361-1069 팩스 02-361-0979
인쇄 | 도담프린팅

저작권 ⓒ 2023 백승주
편집저작권 ⓒ 2023 동아일보사
이 책은 저작권법에 의해 보호받는 저작물입니다.
저자와 동아일보사의 서면 허락 없이 내용의 일부를 인용하거나 발췌하는 것을 금합니다.

ISBN 979-11-92101-27-9(77340)
값 14,800원